パリの着せ替え人形
シックで可愛い
コーディネート

今野 はるえ（1／2 PLACE）

産業編集センター

SOMMAIRE

目次

はじめに

ポレットの着せ替え本、パート2が出来上がりました!

1冊目はニットをメインに、普段私が作っている人形服の定番的なアイテムをご紹介しましたが、
今回はちょっとデザインに手間を加えて、自分が着ても楽しくなるようなお洋服を考えました。

なるべく難しい工程をなくして、シンプルにしたつもりですが、ちょっとだけ上級向けかもしれません。
私自身、きっちり作れないタイプです(笑)。
なので本の通りに作れなくても大丈夫。
たとえばタックが難しい時はギャザーにしてみたり、ポケットが大変な時は付けない。
そんなふうに自分なりに省いたり、アレンジしたり、ものづくりのヒントにしていただけたらと思います。

人形服とはいえ大切なのは生地選び。
プリント生地はワンピースやスカート向き、大柄でも意外としっくりきます。
トップスやパンツは無地かチェックやストライプ、コートなら無地というように、いつも自分が着ることを想像して生地選びをしています。

可愛い花柄などを見つけると、つい想像しちゃいます。
　ふんわりスカートにしたら可愛いだろうな〜
　そして上には白いリネンのトップスが良いかも?
そんなふうに想像している時間がわくわくの楽しいひとときです。

作り方以外にも、色使いや柄合わせ、コーディネートの参考にしていただけたら嬉しいです。

わくわくの楽しい時間を皆様にお届けできることを祈って。

今野　はるえ

PAULETTE

名前 : ポレット
在住地 : フランス・パリ
身長 : 約42cm

おしゃれ大好きパリジェンヌ。
色や柄、素材を上手に組み合わせて、
ベーシックなワードローブを小粋に
着こなすのが得意。

半袖ブラウス P.14

ボタンワンピース P.18

長袖ブラウス P.22

スモックワンピース P.26

ニットのトップス **P.16**

ボタンスカート **P.20**

ゴムパンツ **P.24**

コート **P.28**　　　ニットのコート **P.30**　　　ニットのマント **P.32**

半袖ブラウス

RÉALISATION → p.36

デニムのスカートにもぴったりな夏らしいチェックのトップス。

DÉBARDEUR TRICOT

ニットのトップス

RÉALISATION → p.44

女の子らしいキャミニット。ビオカラーがポイント。

ROBE BOUTON

ボタンワンピース

RÉALISATION → p.41

タータンチェックのワンピースは下にシャツを合わせてトラッドに。

JUPE BOUTON

ボタンスカート

RÉALISATION → p.38

ボタンスカートの生地は無地かストライプがしっくりきます。

長袖ブラウス

RÉALISATION → p.37

前後リバーシブルのシャツは前ボタンで着るとメンズライクに。

PANTALON

ゴムパンツ

RÉALISATION → p.39

定番型のクロップドパンツは素材違いで色々楽しめるアイテム。

ROBE COL FRONCÉ

スモックワンピース

RÉALISATION → p.40

フランスのアンティークのナイティをヒントに作ったワンピース。

MANTEAU

コート

RÉALISATION → p.42

ちょっと肌寒い日はコートを羽織ってお出かけです。

ニットのコート

RÉALISATION → p.45

ざっくりニットのカーディガンコート。衿とボタンがアクセントに。

CAPE

ニットのマント

RÉALISATION → p.46

ループヤーンで編んだマントはもこもこで暖かそう。

RÉALISATIONS

作り方

TOP MANCHE COURTE

半袖ブラウス

（型紙 p.54・55）

1　袖は中表に折り、印の間を縫う。
　　縫い代部分に切り込みを入れる。

切り込み

裏

2　表に返す。
　　縫いやすいようにチャコでラインを
　　引いておくといい。

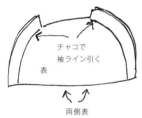

チャコで
袖ライン引く

表

両側表

3　前身頃は衿ぐりの縫い代を折って
　　ステッチをかける。

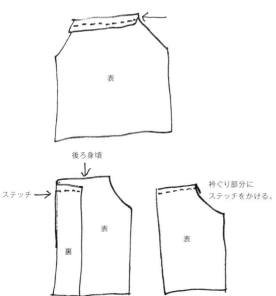

表

後ろ身頃

ステッチ→

衿ぐり部分に
ステッチをかける。

裏　表　　表

見返し部分を折って
ステッチをかけたら表に返す。

4　袖と身頃を中表に合わせ、
　　点線のアームホールを縫う。

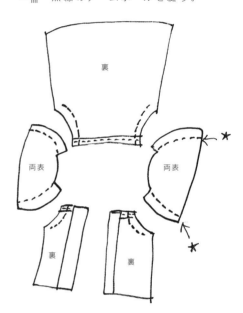

裏

両表　　　両表

裏　　裏

★

★

5

裏

★

★を合わせて脇下を縫う。

6　裾をあげ、アイロンを
　　かけて縫う。

7　直径 7mm のスナップボタン
　　を後ろの開き部分に 2 つ付け
　　て出来上がり。

CHEMISE MANCHE LONGUE

長袖ブラウス

（型紙 p.56・57）

1 袖口の縫い代を折ってステッチをかける。

2 肩線を合わせ、身頃を中表にして縫い合わせる（①）。

袖を付ける（②）。
このときこの縫い代は縫わないように。

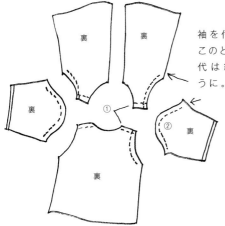

3 衿は中表に2つ折りにして両端1cmの縫い代を取って縫う。

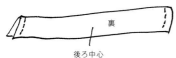

後ろ中心

ひっくり返してアイロンをかけ、後ろ中心とネックに印を付ける。

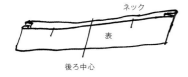

ネック

後ろ中心

4 衿を身頃の後ろ中心、ネックに合わせる。前身頃の見返し部分に衿を挟み一緒に縫う。

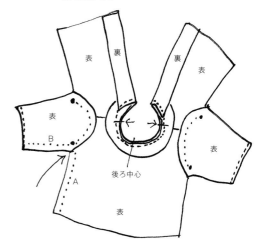

表　裏　裏　表

表

B

A

後ろ中心

表

その後、見返しを表に返して前はしにアイロンをかける。

5 前後ろ身頃を中表にして、脇のポイントに合わせて、脇のAを縫う。
その後、袖をわにして袖下Bを縫う。

6 裾をあげてアイロンをかけてステッチする。

7 直径7mmのスナップボタンを2～3つ付け、直径7～9mmの飾りボタンを3つ付けて出来上がり。

JUPE BOUTON

ボタンスカート

（型紙 p.58・59）

1 前のタック部分をアイロンで押さえてまち針を打ち、両サイドはアイロンで折り目を付ける。

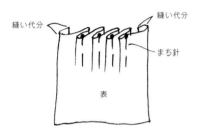

縫い代分

縫い代分

まち針

表

2 後ろスカートは中心に印を付けてウエストにギャザーミシンをかける。

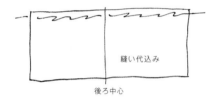

縫い代込み

後ろ中心

3 後ろスカートに前スカートを合わせ点線部分をミシンでステッチ。

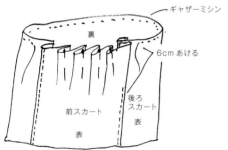

ギャザーミシン

裏

6cmあける

前スカート

表

後ろ
スカート

表

※前スカートを後ろスカートに1cm重ねるようにしてステッチをかける。

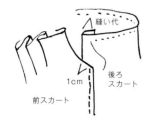

縫い代

1cm

前スカート

後ろ
スカート

4 ベルトは中表に2つ折りし、両サイドを縫い代を取って1.5cm縫う。表に返して、8cm、7cm、10cmで印を付ける。

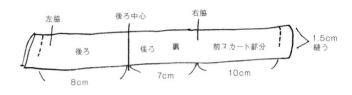

左脇　　　後ろ中心　　　右脇

後ろ　　後ろ　裏　前スカート部分　　1.5cm
縫う

8cm　　　　7cm　　　10cm

5 後ろスカートのギャザーを寄せて、後ろベルト分が15cmになるよう調整する。

後ろ中心　　表

6 本体とベルトを縫い付ける。

ベルト内側を織り込んでまつる。

前スカート

後ろ
スカート

7 裾の縫い代分を折り、スカート丈が揃うよう調整して縫う。

スナップ

ウエスト開き部分に直径7〜8mmのスナップボタンを1つ付け、直径13〜15mmの飾りボタンを4つ付ける。

38

PANTALON

ゴムパンツ

（型紙 p.60）

1　裾は縫い代を折ってアイロンとステッチをかける。

裏

2　股下を縫い合わせる。

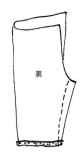

裏

3　1枚は表に返し、2枚合わせる。

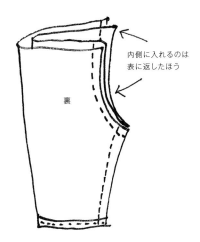

裏

内側に入れるのは
表に返したほう

4　股ぐりを縫い合わせ、表に返してウエストの縫い代分を3つ折りにしてアイロンをかける。このとき、12コール（10.5mm 巾）のゴムが通せるように注意。

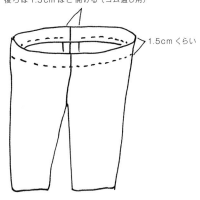

後ろは1.5cmほど開ける（ゴム通し用）

1.5cmくらい

ゴムは20cmの長さに印を付けて通してからカットして重ね合わせ、ミシンで縫い合わせる。

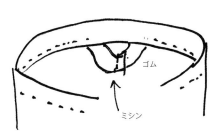

ゴム

ミシン

ROBE COL FRONCÉ

スモックワンピース

（型紙 p.62）

---

1 袖の縫い代分を折り、アイロンを
かけておく。

点線は 2、の身頃との縫い合わせ
ライン。袖下の縫い代は縫わない
ようにする。

2 袖と身頃を中表に合わせて縫ったら、それ
ぞれの縫い代を開いてアイロンをかける。

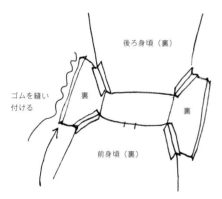

後ろ身頃（裏）

ゴムを縫い
付ける

裏

裏

前身頃（裏）

袖口に 4 コールのゴムを、
引っ張りながら縫い付ける。

3 脇の下を合わせ、脇・袖下を
それぞれ縫う。

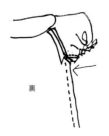

裏

4 衿をつくる。

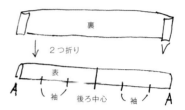

裏

２つ折り

表

A　袖　後ろ中心　袖　A

5 身頃を表に返して衿ぐりの A ポイント
から A まで衿を合わせて縫う。

A

表

6 縫い付けた衿を立てて、縫い代と
身頃をステッチで押さえる。

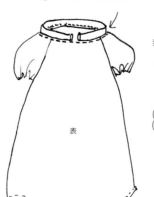

表

7 裾の長さを調整して
ステッチをかける。

8 65〜70cmぐらい
の長さの細いリボンを
通して、絞って結ぶ。

ROBE BOUTON

ボタンワンピース

（型紙 p.64 ※スカートの型紙なし）

★スカート丈はお好みで。出来上がり
丈に上下分の縫い代として2cmプラス
する。

※ベージュ花柄（p.2）：15cmあがり
白地花柄（p.5）：13cmあがり（赤いチェックと同じ）

---

1 スカート（ここでは横69cm×縦
15cm、縫い代含む）の裾を1cmあ
げてステッチをかける。

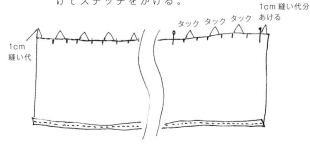

4 肩を縫い合わせる。

5 袖ぐりの縫い代を折
り返してステッチを
かける。

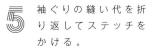

6 中表に前後ろ身頃を
合わせて脇を縫う。
後ろあきの見返し部
分を折り返す。

2 スカートに型紙の合印で印を付ける。
このとき1cm（縫い代分）あけて
から印を付けはじめる。
タックが13本入ったら残りが3cm
になるはずなので、1cmを縫い代
として折り返す。

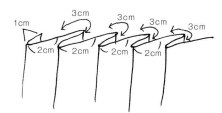

7 表に返して身頃の下の縫い代を折り返して
アイロンをかける。

8 スカートと上身頃を合わ
せて、まち針で止めたら後
ろあきからウエスト部分を
ぐるりと縫う。

9 ウエストの飾りを作る。
生地サイズ：横7cm×縦
6cm

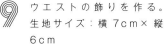

両端の縫い代を折った後の長さが
28cmになったら、両端縫い代に
ミシンをかける。

四方を1cm内側に折り、さらに2つに折って合
わせたところをまつり縫い。出来上がりサイズ：
横5cm×縦2cm

3 前後ろ身頃の衿ぐりを折り返し、
ステッチをかける。

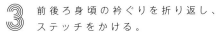

10 前身頃のウエスト部分に
あてて（バランスを見なが
ら）まち針で押さえ、直
径12～13mmのボタン
を2つ身頃に縫い付ける。
上身頃の後ろ開きのとこ
ろに、直径7mmのスナッ
プボタンを2つ付けて出
来上がり。

MANTEAU

コート

（型紙 p.65〜67）

1 袖口の縫い代を折ってステッチをかける。

裏

2 衿2枚を中表に合わせて点線部分を縫う。

裏

3 表に返してアイロンをかける。縫い線をチャコで印しておくと縫いやすい。

表

4 肩を縫い合わせる（①）。このとき前身頃の見返しは一緒に縫わないようにする。

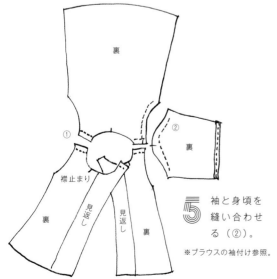

①

裏

②

裏

襟止まり

裏

見返し

見返し

裏

5 袖と身頃を縫い合わせる（②）。

※ブラウスの袖付け参照。

縫い代までは縫わないようにする。

6 衿と身頃の、後ろ中心、肩線、衿止まりを合わせて前身頃の見返しで挟んで衿ぐりを縫う。

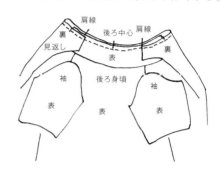

肩線

裏

後ろ中心

肩線

見返し

裏

表

袖

表

後ろ身頃

表

袖

表

7 身頃の見返しを表に返し、見返しを身頃の肩線ラインで縫い付ける。

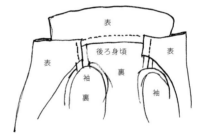

表

表

後ろ身頃

裏

表

袖

裏

袖

8 身頃の脇と袖下を縫う。

9 裾をあげて縫う。

ポケットの付け方

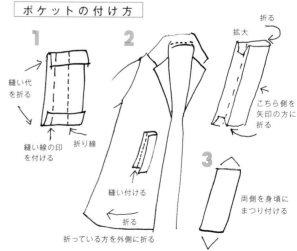

1

縫い代を折る

縫い線の印を付ける

折り線

2

拡大

折る

こちら側を矢印の方に折る

縫い付ける

折る

折っている方を外側に折る

3

両側を身頃にまつり付ける

4 直径8mmのスナップボタンを2つ付け、直径14〜15mmの飾りボタンを2つ付ける。

CULOTTE & JUPON

パンツ

（型紙 p.61）

1 裾の縫い代を折り返して 1～2.5cm 巾のレースを一緒に縫う。

2 折り返した裾に 4 コールのゴムを引っ張りながら縫い付ける。

3 股下を縫い合わせる。

4 ゴムパンツと同じ要領で 2 枚を合わせ股上を縫う。

中に入るほうは外表

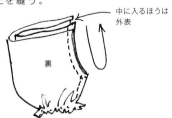

5 表に返しウエストの縫い代分を 3 つ折りにして後ろに開きを付けて縫う。ゴム（約 20cm）を通して出来上がり。

ペチスカート

（型紙なし）

材料
・生地：横 60～65cm、縦 15cm ほど
・レース：巾 3～4cm

1 ウエスト部分を 3 つ折りでアイロンする。

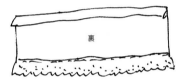

裾 1cm 弱を折り返してレースを縫い付ける。

※ワンピースの丈にもよりますが、ペチスカートの出来上がり丈が 15cm 前後が使いやすいと思います。

2 わにして縫って縫い代を開き、ウエストの 3 つ折りをゴム通しのあきを除いて縫う。

3 ゴムを通して出来上がり。

ゴムの長さは約 20cm ぐらい。

DÉBARDEUR TRICOT

ニットのトップス

材料
・糸　コットン 100%　合太（25g、57.5m）2色　本体 約17g　別色（ひも、縁取り）2g
・針　かぎ針 5号、とじ針、縫針
・スナップボタン用糸
・スナップボタン　6mm×2つ

3目1模様

2目1模様

4目1模様

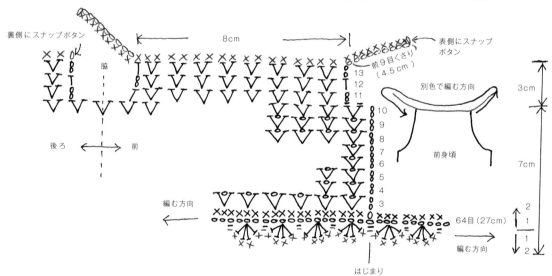

裏側にスナップボタン

脇

後ろ　前

8cm

前9目くさり
（4.5cm）

表側にスナップ
ボタン

別色で編む方向

前身頃

3cm

7cm

編む方向

編む方向

64目（27cm）

はじまり

1　本体は 64 目くさり編みをしてわにする。立ち目をして 63 目細編みをする。3 段目から 9 段目まで模様編み A をする（1 段 21 模様）。10 段目は模様編み B をする。11 段目からは胸元を編むため、前後をわけて編む。11 段目は 2 つ目の中長編みのところまで引き抜きをし、立ち目をし、模様編み B を 8 模様編み、最後に中長編みを 1 目編む。裏に返して同じように 13 段目まで編む。後ろも同様に編む。

2　前は別色で 13 段目の立ち目の上に作り目をして、9 目くさり編みをして、細編みをしながら戻ってくる。そのまま 14 段目を細編みで反対側まで編み、9 目くさりを編み細編みをしながら戻ってくる。

3　後ろは 14 段目別色で細編みをする。別色で作った前ひも部分の先、表側、後ろ端内側にスナップボタンを付ける。

4　裾は本体と同じ糸で模様 C の 1 目目を編み、2 段目は別色で細編みをして、縁取りする。

44

MANTEAU BICOLORES TRICOT

ニットのコート

（型紙：衿、飾りポケット p.68）

材料
・糸　ウール 65%　アルパカ 35% / 極太（50g、75m）　約 58g
・針　棒針 7 号、かぎ針 6 号、とじ針、縫針
・ボタン　直径 12mm×3つ
・ボタン付け用糸
・スナップボタン　直径 10mm×2つ
・フェルト　赤（21cm×8cm）

ゲージ（10cm×10cm）23目×23段

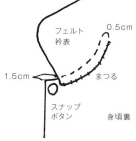

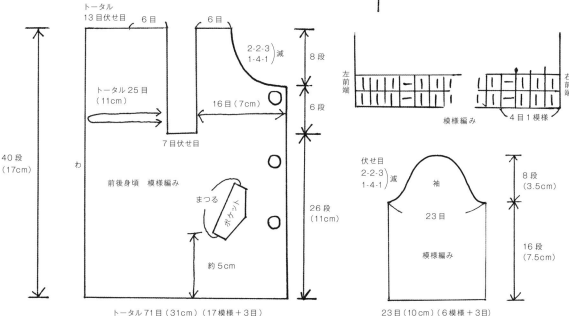

1. 本体は 71 目作り目をして模様編みを 26 段する。27 段目から前後をわけて編む。前は 6 段編み衿ぐりの減らし目をする。後ろは増減なしでそのまま 14 段編み、後ろ衿ぐり（13 目）を伏せ目しておく。前後肩を引き抜きをして付けておく。

2. 袖は 23 目作り目をして模様編みを 16 段する。袖山の減らし目をする。袖下をつなぎ、袖ぐりを本体に付ける。

3. フェルトは型紙通りに切り、本体の前端 1.5cm のところから衿を内側にまつる（反対側は前端より 1.5cm 手前で止める）。

4. ポケットを本体にまつる。ボタンを 3 つ、スナップボタンを 2 つ付ける。

CAPE

ニットのマント

材料
・糸　アルパカ80％　ウール15％　ポリアミド5％　ループヤーン（50g、140m）約20g
・針　棒針10号と8号、かぎ針6号、とじ針
・リボン　1cm×60cm

・ゲージ　メリヤス（10cm×10cm）13目×21段、2目ゴム編み（10cm×10cm）16目×26段

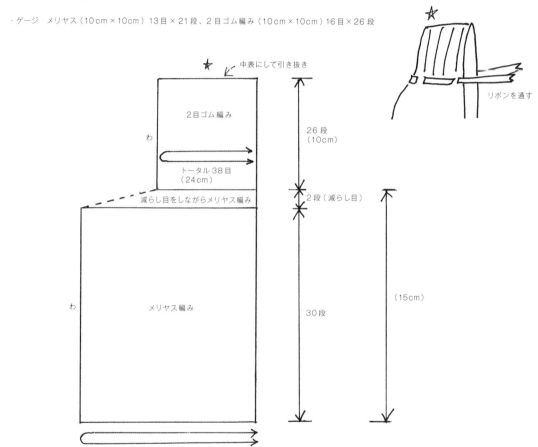

図1

1　10号針でゆるく46目作り目をする。
※針2本を重ねて作り目をすると、ゆるく出来ます。

2　30段メリヤス編みをする。31段目で図1のように減らし目をする（32段増減なし）。

3　針を8号にかえて2目ゴム編みを26段編み、中表にして引き抜きをする。

4　減らし目と2目ゴム編みの間あたりにリボンを通す。

PAULETTE

ポレット（人形）

PAULETTE

ポレット（人形）

（型紙 p.52、53）

材料
・前髪　極太毛糸　8cmくらい×20本
・後ろ髪　極太毛糸　18cmくらい×20本
・お団子　毛糸を3本指に20回ぐるぐるしたものを4つ。2カ所結ぶ。

刺しゅう糸（DMC 2本取り）
　目と眉　938
　まつげ・鼻の穴　919
　目玉　501
　くちびる　816

顔

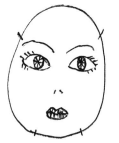

顔の刺しゅうはアウト
ラインステッチ。
眉頭は二重のステッチ。

目玉の輪郭を刺しゅ
うしたら、目の中に
ラインを入れる。

輪郭をふちどりするよう
に刺した後、中を埋める
ように刺しゅうする。

1 頭上部のギリギ
リのラインで毛
糸を縫い付ける。

前髪
ライン

2 サイドの印から前
髪のラインに沿っ
て縫い付ける。

余分な毛糸はカット

①と同じライン

3 前髪ライン（②）から毛糸を上に折り
返し、①で縫ったラインと同じところ
を縫い、髪を押さえる。縫い目より
上部は余分な毛糸なのでカットする。

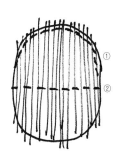

4 後ろ髪も前髪と同じ
ように頭上部ギリギ
リのライン①を縫う。
②後ろ髪のラインで
縫う。

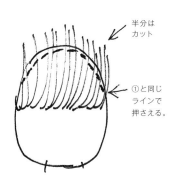

半分は
カット

①と同じ
ラインで
押さえる。

5 上に折り返した髪を
①のラインと同じ所
を縫って押さえる。
上部の余った毛糸
はカット。

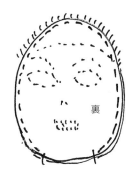

裏

6 顔と後ろ頭を中表にして5～
7mm内側を縫い合わせる。
ガイドラインをチャコでマー
クすると縫いやすい。

髪は体に頭を付けてから仕上げる。

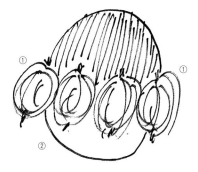

7 お団子のくるくるは3本
指に20回ほど巻き付
け2カ所を結んでおく。

8 左右のお団子を先に付
け、バランスを見なが
らあとの2つを付ける。

9 お団子上部①を付けて
から下部②を付ける。

お団子の付け方

上部結び目①を頭にとめていき、4つ付けた
あと、お団子の下部の結び目②を内側に入れ
込むようにして頭に縫い付ける。少しお団子
を持ち上げるような感じで下部をとめると丸
くおさまる。

手 足

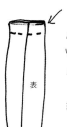

3 手は上の開き部分を
1cm内側に折り、
縫って閉じる。

1 手足は中表に2つ
に折り、1cm内
側を縫い合わせて
ひっくり返す。

2 手足にわたを入れる。
手は上2cm、足は上
1cmほどわたは入れ
ずに縫い代分として
取っておく。

※わた入れのコツ→『パリの着せ替え
人形と手編みニット』(p.69)参照

足はわたを入れた
あと、閉じなくて
いい。

49

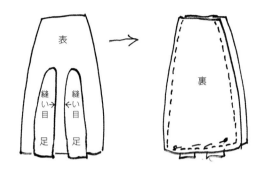

わた入れ

ひっくり返す

表

 体の表側に足の縫い目を内側にするようにして置く。

もう1枚の体を中表にするようにして重ね、足が動かないようにピンで止めて首だけ開けて縫う。

 表に返して体にわたを入れ、頭を付ける。顔のあごの開き部分の縫い代を内側に折り返し、体の首部分にかぶせて縫い付ける。

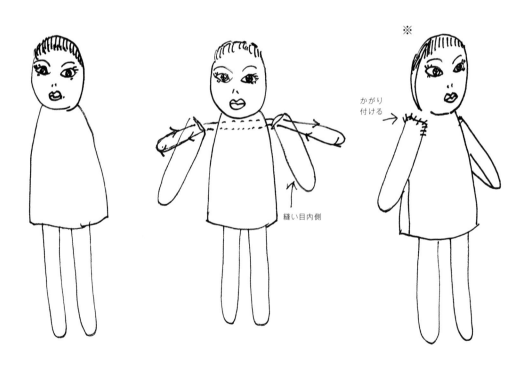

かがり付ける

縫い目内側

※

 両手を縫い目を体側にしてまち針で押さえながら、長さ10cmほどのふとん針を使って矢印の要領で体に手を付ける。3周ほど縫うとしっかり付く。

※体に腕をかがり付けてもいい。

PATRONS

型紙

- ☐ ポレット（人形）
- ☐ 半袖ブラウス
- ☐ 長袖ブラウス
- ☐ ボタンスカート
- ☐ ゴムパンツ
- ☐ パンツ
- ☐ スモックワンピース
- ☐ ボタンワンピース
- ☐ コート
- ☐ ニットのコート

※縫い代について：特記されているところ以外は、
　すべて「縫い代1cm」を加えてください。

ポレット（人形）

顔
（2枚）

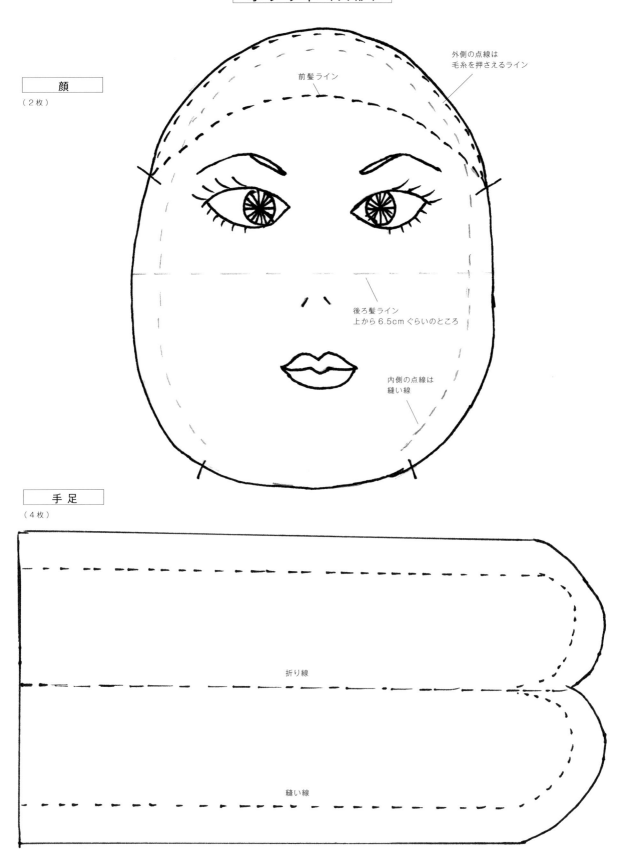

前髪ライン

外側の点線は
毛糸を押さえるライン

後ろ髪ライン
上から6.5cmぐらいのところ

内側の点線は
縫い線

手足
（4枚）

折り線

縫い線

体
（2枚）

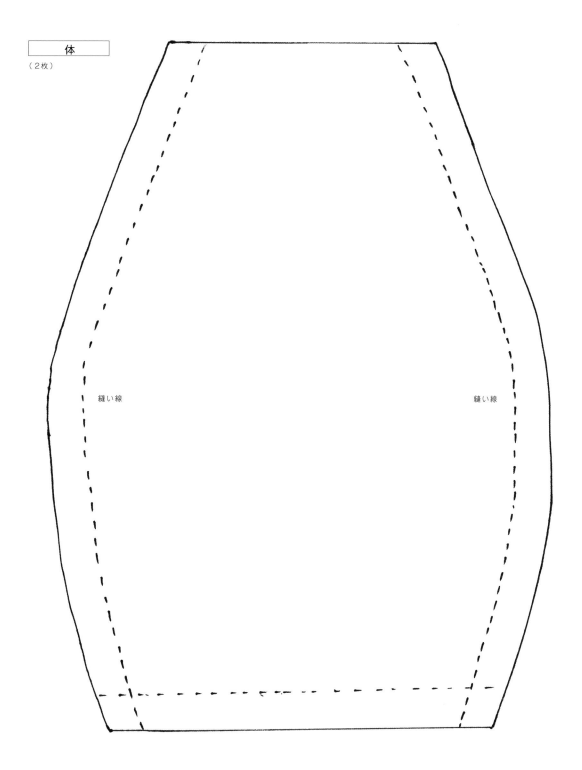

縫い線   縫い線

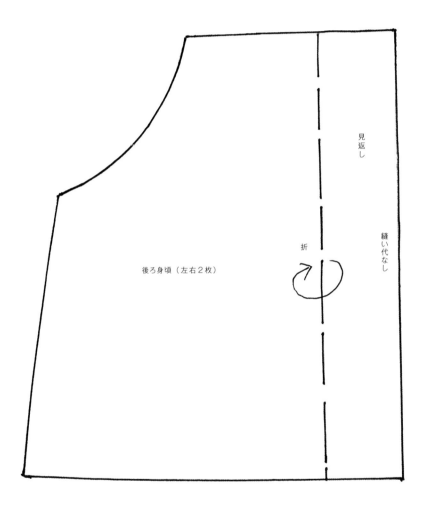

後ろ身頃（左右2枚）

折

見返し

縫い代なし

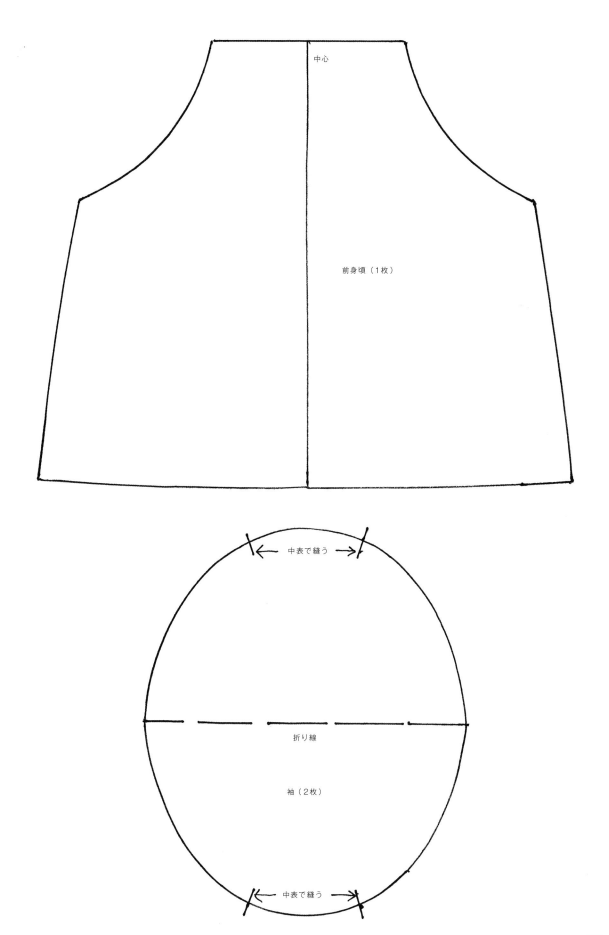

中心

前身頃（1枚）

中表で縫う

折り線

袖（2枚）

中表で縫う

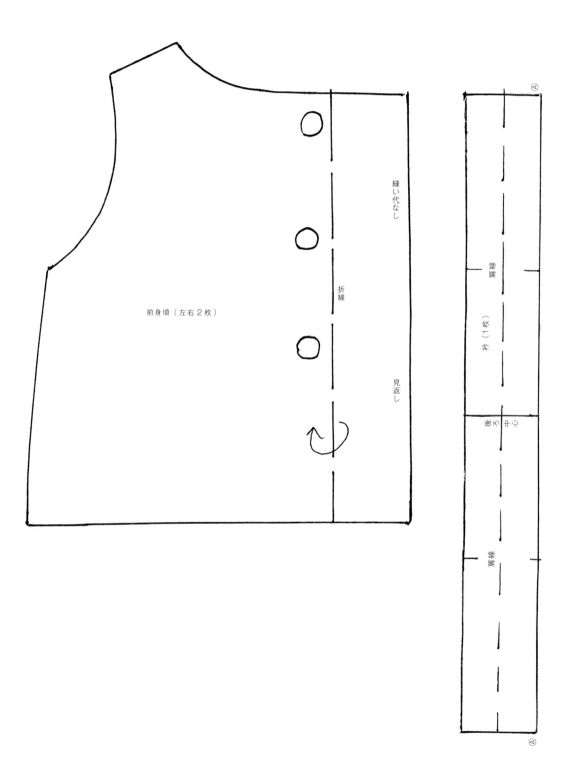

前身頃（左右2枚）

縫い代なし

折線

見返し

衿（1枚）

肩線

後ろ中心

肩線

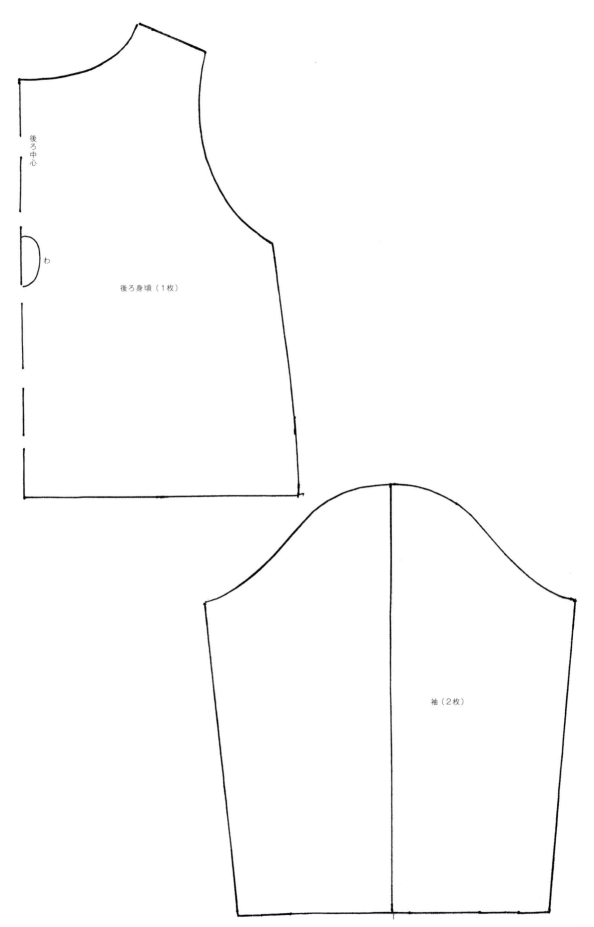

後ろ中心

わ

後ろ身頃（1枚）

袖（2枚）

57

ボタンスカート

※ 後ろスカート：あがり丈13cm（＋縫い代上下に1cm）× 横40cm（＋縫い代左右に1cm）

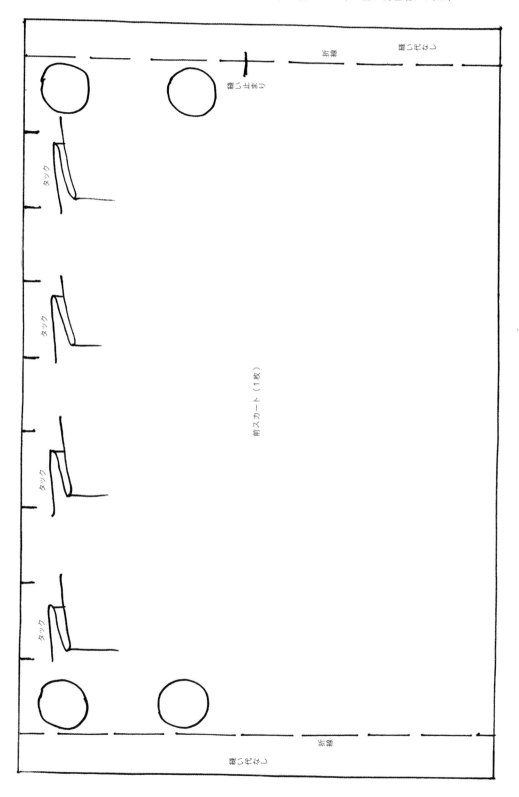

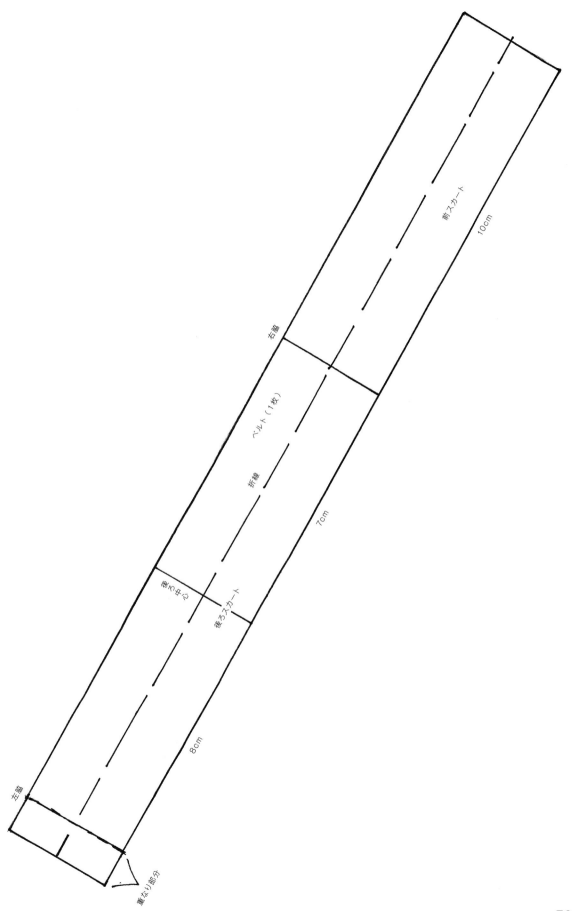

前スカート

10cm

右脇

ベルト（1枚）

折線

7cm

後ろ中心

後ろスカート

8cm

左脇

重なり部分

59

ゴムパンツ

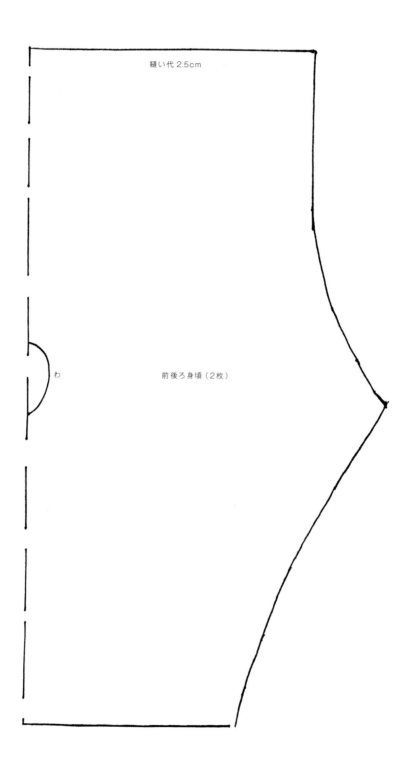

縫い代 2.5cm

わ

前後ろ身頃（2枚）

パンツ

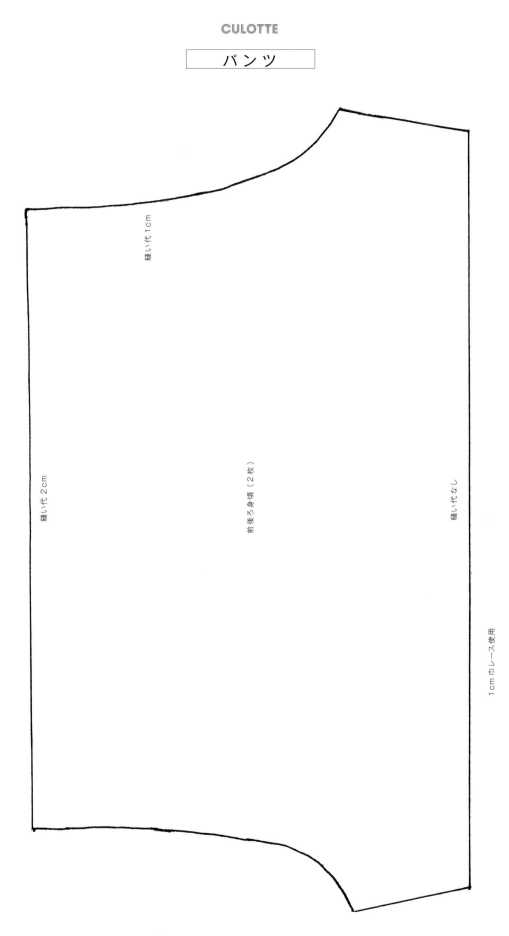

縫い代1cm

縫い代2cm

前後ろ身頃（2枚）

縫い代なし

1cm巾レース使用

スモックワンピース

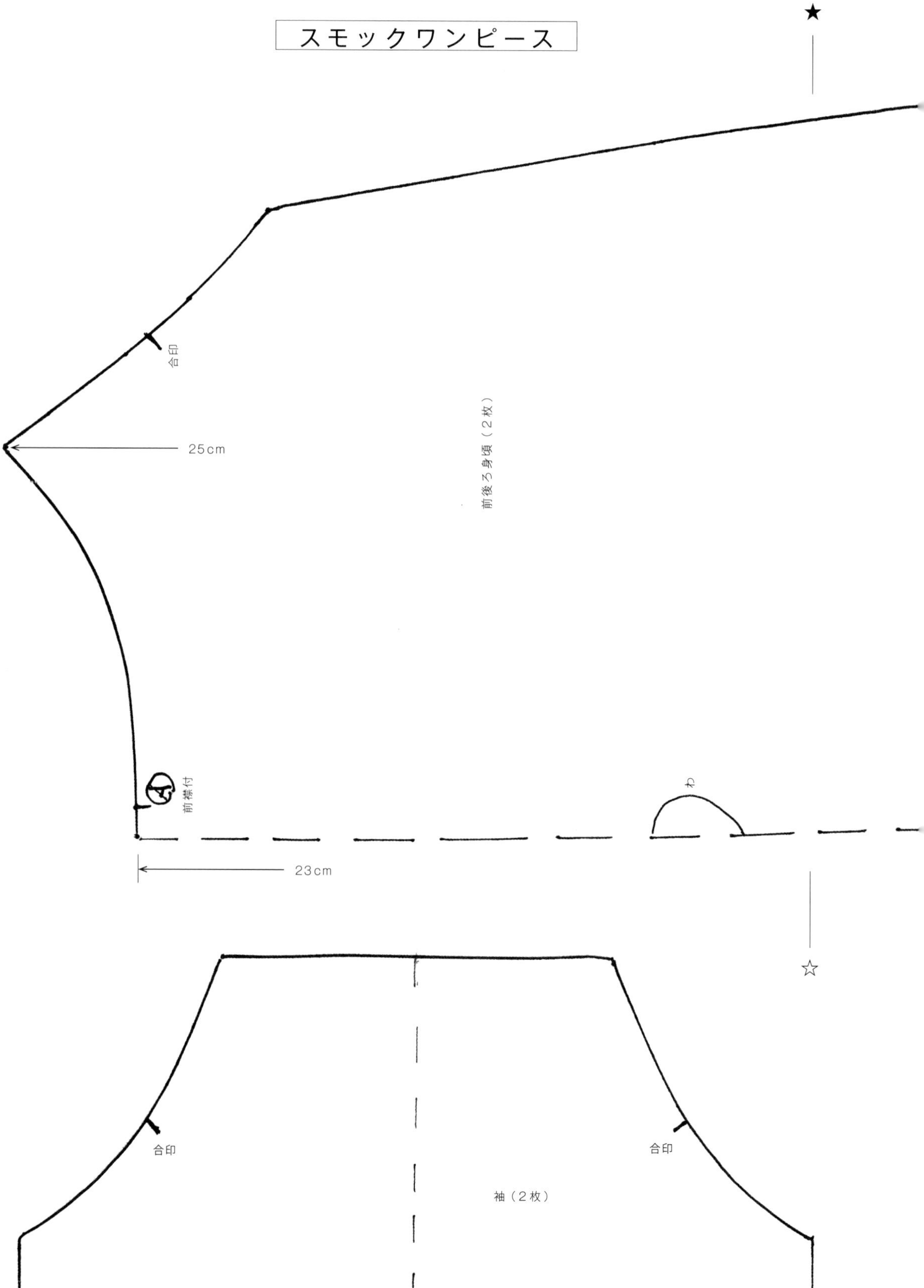

★

合印

25cm

前後ろ身頃（2枚）

前襟付

23cm

わ

☆

合印

袖（2枚）

合印

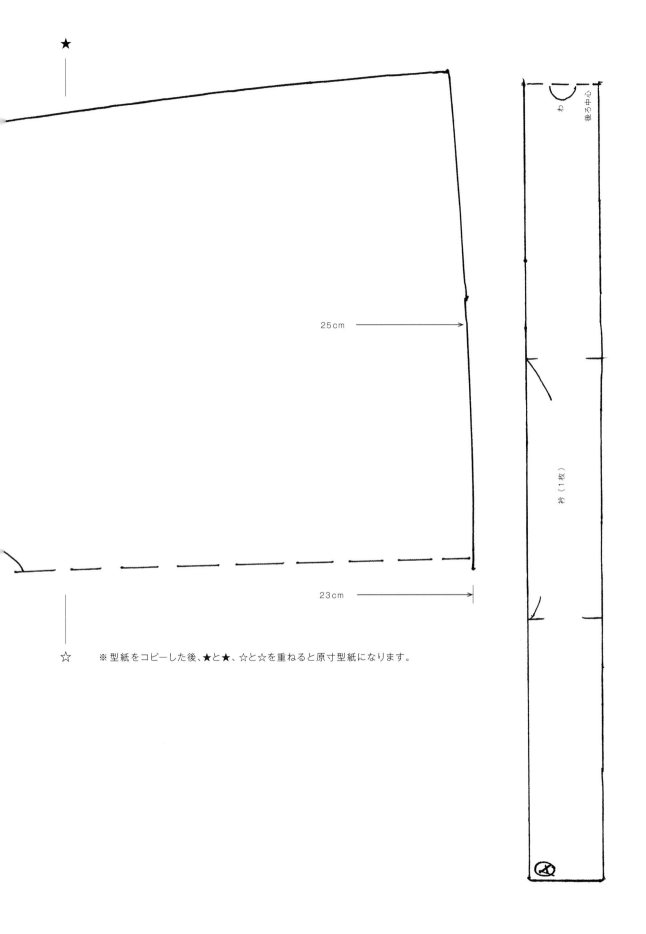

★

☆

25cm

23cm

※型紙をコピーした後、★と★、☆と☆を重ねると原寸型紙になります。

衿（1枚）

わ

後ろ中心

ボタンワンピース

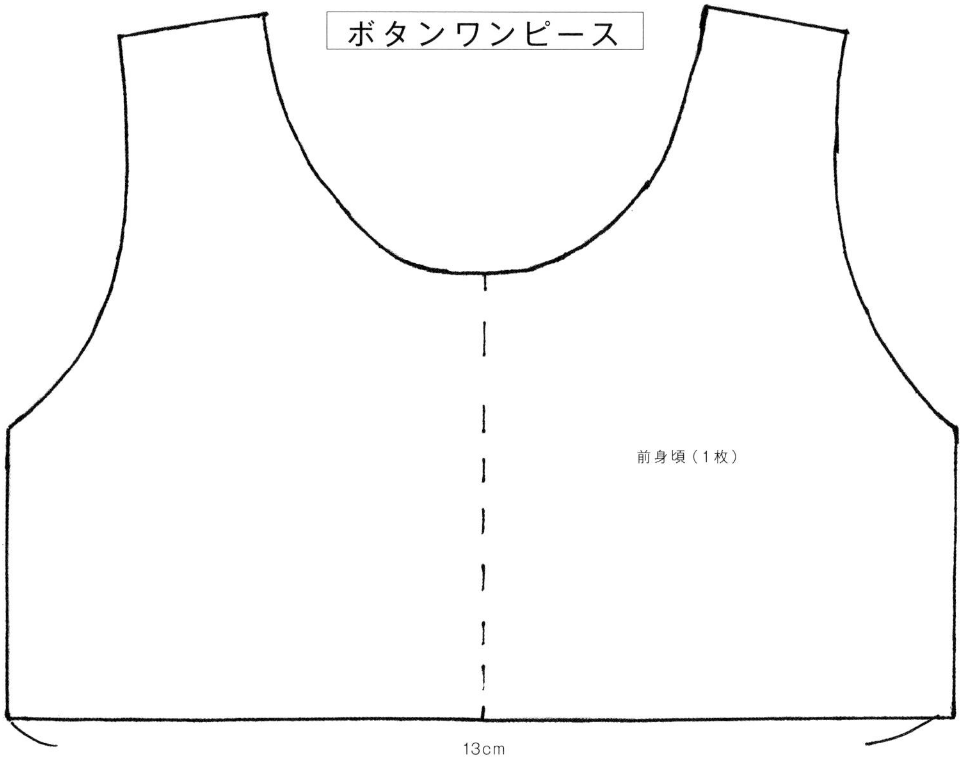

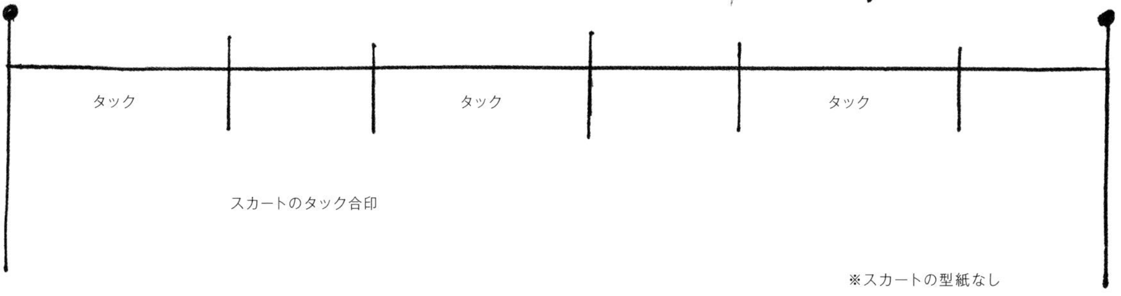

前身頃（1枚）

13cm

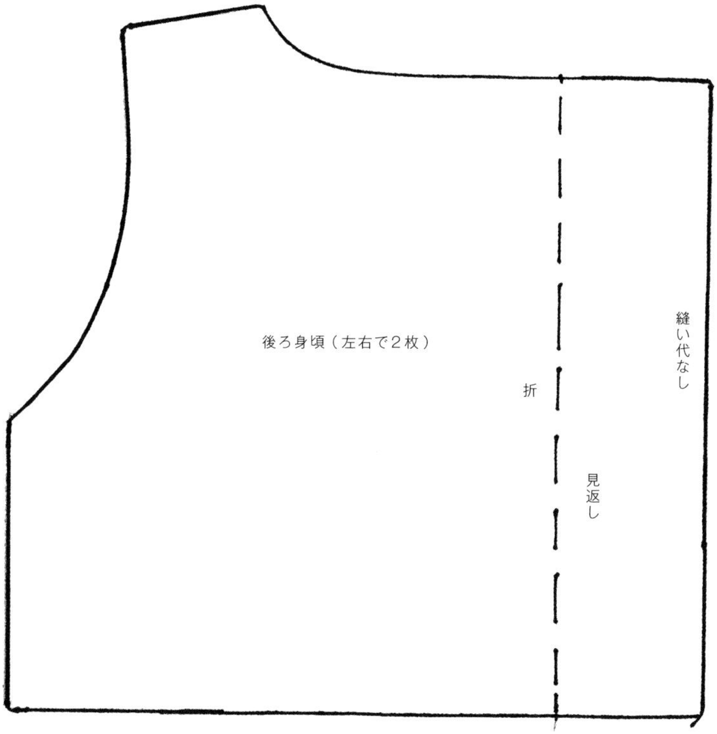

後ろ身頃（左右で2枚）

折

見返し

縫い代なし

タック　　　　　　　　タック　　　　　　　　タック

スカートのタック合印

※スカートの型紙なし

コート

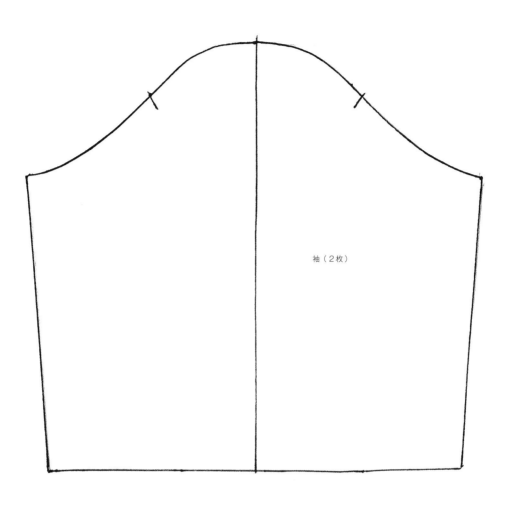

袖（2枚）

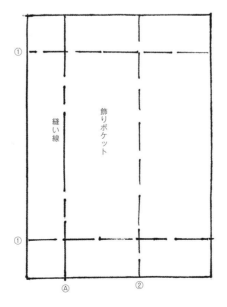

縫い線

飾りポケット

①を先に折ってから、
②を折る。Ⓐは縫い線。

コート

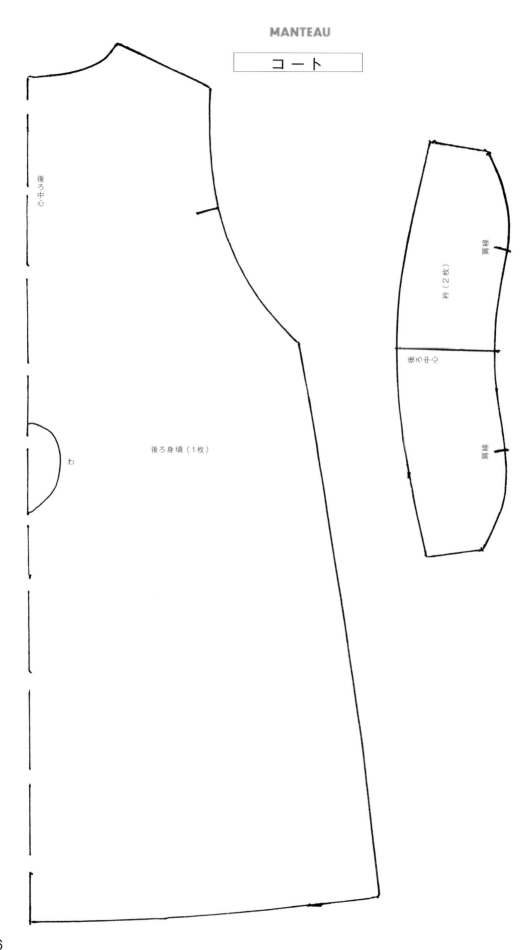

後ろ中心

後ろ身頃（1枚）

わ

衿（2枚）

後ろ中心

肩線

肩線

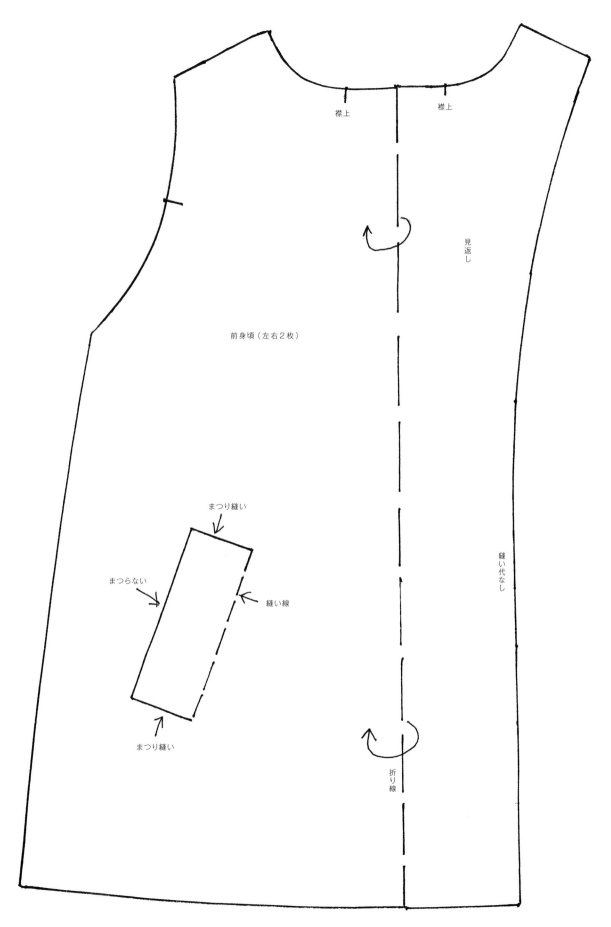

襟上　　　　襟上

見返し

前身頃（左右2枚）

まつり縫い

まつらない

縫い線

まつり縫い

縫い代なし

折り線

ニットのコート

（衿と飾りポケット）

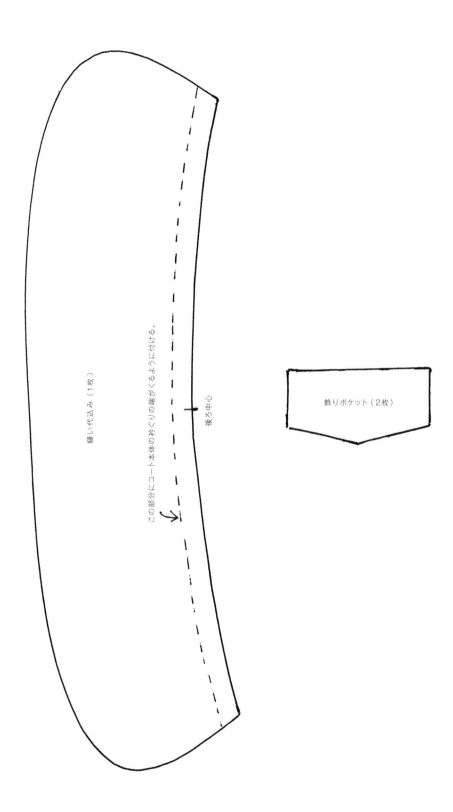

縫い代込み（1枚）

この部分にコート本体の衿ぐりの端がくるように付ける。

後ろ中心

飾りポケット（2枚）

今野 はるえ　HARUE KONNO

パリ在住。人形作家"1/2PLACE（ドゥミ・プラス）"として活動。蚤の市でアンティークリネンや生地と出会い、その魅力の虜になりもの作りを始める。アンティークのリネンを使ったネコの人形が口コミで話題になり、現在はネコ、イヌ、ネズミなどの動物シリーズ他、女の子"ジネット"の着せ替え人形を制作。他にもアンティーク生地で作るパリテイストのポーチやバッグなどのシンプルな小物も人気。著書に『パリの着せ替えどうぶつ人形』『フランスから届いた絵本みたいな刺しゅう』『パリの着せ替え人形コーディネート』『パリの着せ替え人形と手編みニット』（産業編集センター）がある。

関連サイト https://www.instagram.com/demieplace/

パリの着せ替え人形
シックで可愛いコーディネート

2023 年 10 月 13 日　第一刷発行

著者：今野 はるえ
写真：篠 あゆみ
ニット作品、型紙トレース：ル ゴルヴォン 朋子
デザイン：白石哲也（Fält）
編集：福永恵子（産業編集センター）

カゴ提供：Saji（@saji55）
トランク提供：LOPPIS153
撮影協力：Les Cariatides GAG、Le Petit Keller

発行：株式会社産業編集センター
〒112-0011 東京都文京区千石 4-39-17
TEL 03-5395-6133
FAX 03-5395-5320

印刷・製本：株式会社シナノパブリッシングプレス

©2023 Harue Konno
Printed in Japan
ISBN978-4-86311-381-7 C5077